Malebouche.

INSTITUTION DE M. MALEBOUCHE.

Nouvelle Méthode

POUR GUÉRIR

LE

BÉGAIEMENT.

PARIS.

IMPRIMERIE DE DUCESSOIS,

RUE SAINT-JACQUES, N°. 67.

1828.

NOUVELLE MÉTHODE

POUR GUÉRIR

LE BÉGAIEMENT.

LORSQUE j'entrepris de fonder à Paris une institution pour guérir le bégaiement, d'après la méthode de madame Leigh, je le fis à mes périls et risques. Plusieurs de mes amis me dissuadaient de cette entreprise, en me représentant combien il serait fâcheux d'échouer. La nouveauté de la méthode, et l'importance des résultats annoncés, faisaient douter de l'efficacité de l'une et de la réalité des autres. Les journaux hésitaient à faire connaître mon institution ; rien ne leur garantissait qu'ils n'induiraient pas le public en erreur, en l'invitant à y recourir. Aucun corps savant ne s'était prononcé en France pour la nouvelle méthode, et je me trouvais à cet égard dans une singulière et assez désagréable alternative. En débutant par soumettre ma méthode à l'Académie des sciences, je manquais de précédens ; je ne pouvais m'appuyer sur aucune preuve présente ; je ne pouvais produire que des allégations toujours suspectées d'exagération. D'un autre côté, comment trouver des bègues qui voulussent s'astreindre à un traitement dont le résultat était pour eux incertain, avant qu'un corps savant en eût constaté le succès. J'avoue que cette alternative m'a inspiré pendant quelques temps des réflexions pénibles ; je n'en suis sorti qu'avec beaucoup de difficulté, et en me mettant tout-à-fait à la discrétion de mes premiers élèves. Heureusement la bonté de la méthode a triomphé de tous les obstacles, et après que j'eus obtenu un nombre suffisant de cures radicales, je me présentai avec assurance à l'Académie des sciences. A dater de cette époque, les succès de mon institution ont été croissans, et lorsque le rapport lu à l'Académie est venu les confirmer et leur donner autorité dans le monde, j'avais déjà guéri plus de trente personnes. Je crois que maintenant les expériences faites sont suffisantes pour inspirer toute confiance. Ceux qui me détournaient de mon entreprise me félicitent d'avoir eu le courage de la commencer. A la vérité, j'étais convaincu de l'efficacité de la méthode, et il y a assez de justice parmi les hommes pour que ce qui est bon et utile doive enfin être apprécié à sa valeur. Les journaux annoncent sans crainte mes résultats, car ils sont authentiques. Le rapport lu par M. Magendie a fait assez de sensation parmi les membres de l'Académie, pour que je puisse me flatter qu'il fixera l'opinion du public sur ma méthode : elle a été soumise par MM. les commissaires à des épreuves sévères.

Les personnes qui connaissent la manière de procéder de l'Académie des sciences, savent que ses membres ne négligent aucun moyen pour parvenir à la vérité. Il était fort naturel qu'ils redoublassent de précautions à l'égard d'une découverte qui leur était présentée comme curative d'une infirmité que l'opinion générale voue à une incurabilité absolue. Elle a subi trois genres d'épreuves :

1°. MM. les commissaires ont entendu la lecture d'un mémoire où je leur ai exposé la théorie avec tous ses détails. Par là, ils ont été à même d'apprécier la cohérence et la nouveauté des idées générales qui forment la base du système.

2°. Ils ont vu des bègues guéris, qui leur ont rendu compte de tout ce qu'ils avaient éprouvé avant et après leur traitement.

3°. Ils m'ont mis entre les mains plusieurs sujets qui leur étaient connus, et ils ont suivi le progrès du traitement. L'opinion qu'ils se sont formée de la méthode, se trouve ainsi avoir été puisée dans ses véritables élémens et dans des sources qui excluent toute idée de surprise.

Aussi le crédit que le rapport a obtenu a-t-il opéré une singulière révolution dans l'esprit d'un assez grand nombre de personnes. Ce n'est plus l'incrédulité que j'ai à combattre, c'est l'excès de confiance. On croit si fort à la possibilité de guérir le bégaiement, qu'on imagine qu'il existe cent moyens d'y porter remède. On voit déjà éclore une multitude de recettes qui jusqu'à présent étaient restées dans l'ombre : mes succès ont encouragé leurs prétendus auteurs à les mettre en lumière. A entendre certaines gens, ils n'ont que l'embarras du choix ; ils possèdent le principe général : c'est, disent-ils, par une dérivation de l'attention des bègues, par des effets d'imagination, des influences morales que le bégaiement peut être guéri. J'hésite d'autant moins à reproduire ces assertions, qu'elles ne peuvent aucunement entraver le succès de ma méthode, et qu'elles me fournissent l'occasion de rassurer entièrement ceux qui peuvent être dans le cas de s'adresser à moi.

Le traitement ou plutôt les traitemens que je fais suivre possèdent une efficacité toute spéciale et directe. Ils n'ont rien de commun avec ces panacées de fraîche date : la promptitude des résultats est le trait le plus remarquable de la nouvelle méthode. Il faut bien que la cause réelle soit connue et détruite , pour qu'un bègue se sente parfaitement guéri par l'effet d'une simple conversation. Voilà ce que n'obtiendront jamais les auteurs des recettes dont nous parlons ; ils pourraient tout au plus améliorer un peu l'état d'un bègue : cette amélioration ne serait point solide , car la cause réelle et primitive du bégaiement leur est inconnue. Il faut donc bien qu'il y ait dans notre méthode une de ces heureuses rencontres de l'esprit humain qui , en éclairant la science d'un jour subit , la place pour la première fois dans ses voies légitimes. Nous devons dire que l'ordre d'observations auquel appartient cette découverte est tout aussi inconnu que la découverte elle-même à ceux qui y sont étrangers. La méthode n'est point morale , en ce sens qu'elle n'agit pas sur l'imagination ; elle est intellectuelle et agit avec le secours de l'intelligence , ce qui est fort différent. Dans la première hypothèse , on ne pourrait se rendre compte de la guérison ; on ne serait jamais assuré qu'elle est complète et radicale. Dans la seconde , au contraire , les bègues savent fort bien pourquoi ils ne bégaient plus ; ils savent fort bien qu'il dépend d'eux de ne plus bégayer , et que leur guérison une fois bien opérée , ne peut plus s'évanouir. La nouvelle méthode diffère en ceci des remèdes ordinaires: ces remèdes , agissant indépendamment de la volonté , n'ont que trop souvent un effet passager ; le tempérament , des dispositions particulières, ramènent l'affection qu'ils semblaient avoir détruite pour jamais. Ici, les bègues ont l'intime conviction, l'entière certitude que le mal est anéanti ; que le remède aurait , dans le cas d'une rechute impossible à prévoir , une constante efficacité , et que son effet ne serait pas subordonné à de nouveaux exercices , mais à la continuation facile d'une habitude depuis long-temps enracinée.

Certes, un remède qui se caractérise de cette

manière, sort de la classe des panacées ordinaires, surtout de ces panacées mystérieuses dont l'influence est nulle, aussitôt que le raisonnement se mêle à leur action ; aussi je n'ai aucune crainte que l'on confonde ma méthode avec une de celles qui pourraient être annoncées. La vérité est une ; quand aux indiscrétions, elles sont encore moins à redouter : chaque bègue ne connaît qu'une bien faible partie du systême ; l'excellence de la méthode consiste surtout dans la distinction des causes différentes, souvent opposées, du bégaiement. Celui qui révélerait une partie de la méthode, exposerait ceux qui voudraient essayer de guérir des bègues, à de trop graves désappointemens, et ils seraient trop fréquens pour qu'ils ne renonçassent pas d'eux-mêmes à entreprendre de cures qui compromettraient leur moralité, et seraient sans profit.

Cette méthode n'est pas un secret qui se transmette avec la facilité que beaucoup de personnes supposent : elle a été laborieusement perfectionnée ; il a fallu des observations suivies sur un nombre de sujets, tel que bien peu d'hommes ont la possibilité d'en examiner autant. Les différentes espèces de bégaiement ont été classées , et les causes particulières qui font bégayer, analysées avec soin. On composerait un ouvrage de longue haleine, en ne donnant qu'une simple exposition du système , et les guérisons dépendent bien moins de l'indication qu'on en fait , que de la manière dont il est appliqué à chaque cas. Ces explications montrent que le traitement du bégaiement n'est (comme tant d'autres parties de l'art de guérir , que des médecins distingués ont suivies de préférence) qu'une spécialité que l'on ne connaît bien que parce qu'on l'a mieux étudiée ; c'est maintenant au public à n'accorder sa confiance qu'à ceux qui ont fait leurs preuves.

L'expérience m'a appris à distinguer les cas où la guérison doit être prompte. La classification que j'ai faite des différens genres de bégaiement ne m'a laissé à cet égard que bien peu d'incertitude, et les personnes qui me consulteront auront sur ce point pleine satisfaction.

Le rapport que l'on va lire est dû à deux médecins dont le nom est depuis long-temps d'un poids immense auprès des savans de tous les pays. Je me permettrai de consigner ici le témoignage de ma reconnaissance, non pour l'esprit qui a dicté le rapport, et qu'ils veulent considérer comme un devoir, mais pour cette bonté, pour ces formes encourageantes que j'ai senties, qui n'appartiennent qu'aux hommes élevés au-dessus des préjugés, aux vrais savans, et qui apportent tant d'agrément dans les épreuves les plus difficiles.

F. MALEBOUCHE,

Rue Neuve–des–Mathurins, N°. 20.

INSTITUT DE FRANCE.

ACADÉMIE ROYALE DES SCIENCES.

Paris, le   18

Le secrétaire perpétuel de l'Académie pour les sciences naturelles, certifie que ce qui suit est extrait du procès-verbal de la séance du lundi 10 mars 1828.

Rapport sur une proposition de M. MALEBOUCHE *relative à la guérison du Bégaiement.*

Le 3 décembre dernier, M. Malebouche a annoncé à l'Académie, qu'une dame améri-caine avait découvert un moyen certain de guérir les bègues; qu'ayant eu connaissance du procédé qu'emploie cette dame, il l'avait mis en pratique et en avait obtenu les plus heureux résultats. Il a demandé à l'Académie qu'elle voulût bien nommer des commissaires à qui il pût faire connaître la méthode curative qu'il employait et qui en constatassent les avantages.

L'Académie, accédant à cette proposition, nous a nommés, M. Duméril et moi, pour prendre connaissance de la méthode curative de M. Malebouche et pour en vérifier les résultats. Voici d'abord quelques détails sur la découverte dont il est question.

Madame Leigh, habitant New-Yorck, devenue veuve à l'âge de 36 ans, fut accueillie avec bienveillance dans la famille du docteur Yates et y reçut les soins les plus désintéressés. Une des filles de ce médecin, âgée d'environ 18 ans, était atteinte d'un bégaiement assez fort. Madame Leigh crut ne pouvoir mieux témoigner sa reconnaissance à ses hôtes, qu'en délivrant cette demoiselle de son infirmité; elle lut à cet effet tous les ouvrages anglais qui ont trait au bégaiement. Mais n'obtenant pas de cette étude ce qu'elle en désirait, elle se borna à observer avec persévérance la nature de l'infirmité qu'elle voulait guérir, sur le sujet même qui en était affecté.

Après un assez grand nombre de tentatives in-
fructueuses, elle crut enfin avoir trouvé la cause
immédiate du bégaiement ; elle imagina en con-
séquence un système d'exercices des organes de
la parole, au moyen duquel elle obtint la guérison
radicale qu'elle avait tant à cœur.

Madame Leigh fit l'application de sa méthode
curative sur un certain nombre de bègues, et un
succès constant ayant couronné ses travaux, elle
se décida à ouvrir à New-Yorck une institution,
pour la guérison du bégaiement, et, depuis
l'année 1825, plus de cent cinquante bègues,
dit-on, y ont été admis et en sont sortis
guéris. Le temps nécessaire pour une cure complète est variable ; mais la durée du traitement
dépend bien moins de l'intensité de la maladie,
que du degré d'énergie et de la tournure de l'esprit de chaque sujet. Les plus longs traitemens
n'excèdent pas six semaines, et il est très-ordi-
naire d'en voir qui sont terminés au bout de
quelques jours, ou même de quelques heures.

L'inventrice de cette méthode, encouragée

par le succès qu'elle obtint en Amérique, voulut la répandre en Europe, et en confia le soin à M. Malebouche, frère de celui qui est maintenant à Paris. La méthode fut d'abord transportée dans le royaume des Pays-Bas. Une commission fut nommée par le roi pour l'examiner, et un certain nombre de bègues fut confié aux soins des frères Malebouche. Il paraît que tous furent guéris; et, sur le rapport de la commission nommée, Sa Majesté accorda aux frères Malebouche des récompenses proportionnées aux résultats qu'ils obtenaient. Depuis quelques jours, seulement, les journaux de la Belgique ont annoncé que dans l'intention de faire participer la classe pauvre à la méthode curative des frères Malebouche, le gouvernement en avait acheté le secret, et qu'il avait chargé un médecin distingué de traiter les bègues pauvres, sans rétribution, et sous la seule condition de ne point divulguer le mode de traitement par lequel ils auraient recouvré le libre usage de la parole.

Il paraît que la méthode de la veuve Leigh est

connue de quelques personnes en Angleterre. Les journaux de ce pays ont cité la guérison de plusieurs bègues par le docteur Hart, et entre autres celle du fils du docteur Jhonson de Londres, rédacteur du Medico-chirurgical Review. On dit aussi que le doyen de la philosophie écossaise, le savant et vénérable sir Dugald Stewart, a été guéri, par le même procédé, d'un vice de prononciation, qu'il devait à son âge avancé. Cette cure aurait été faite par un membre de l'Académie des Sciences d'Edimbourg, le docteur J. Broster.

Voici maintenant la marche qu'ont suivie vos commissaires.

Ils ont d'abord eu une entrevue avec M. Malebouche, qui leur a confié, dans les détails les plus circonstanciés, la découverte de la veuve Leigh, et leur a dit en même temps les raisons pour lesquelles il ne la rendait pas publique. Vos commissaires se borneront donc à vous rapporter les faits dont ils ont été témoins, et les précautions qu'ils ont dû prendre pour s'assurer de la bonté de la méthode.

M. Malebouche leur a présenté plusieurs bègues avant qu'il employât sur eux ses moyens
curatifs. Au bout de quelques jours, il leur a
fait voir ces mêmes bègues dans un état d'amélioration très-évident, et au bout d'un certain
temps, variable suivant les personnes, il les
leur a montrés parfaitement guéris. Vos commissaires ont ensuite choisi deux bègues qui leur
étaient connus ; l'un d'eux est aujourd'hui, à
très-peu de chose près, complètement délivré
de son infirmité qui était extrêmement grave.
Le second n'a point été aussi heureux ; il n'a
éprouvé qu'une légère amélioration dans son
bégaiement; mais il est vrai de dire que cette per-
sonne est à la fois bègue et bredouilleur, et que
d'ailleurs il n'a réellement pas mis en pratique
avec la constance nécessaire le procédé curatif.
Un fait a vivement frappé vos commissaires. Un
jeune homme de N........., M. L........., âgé de
vingt-quatre ans, ayant eu connaissance par les
journaux de la proposition que M. Malebouche
avait faite à l'Académie, vint à Paris, avec son

père , au mois de janvier dernier. Ces messieurs se présentèrent chez l'un de nous , pour savoir s'ils pouvaient, en toute assurance , traiter avec M. Malebouche, et votre commission put constater dans cette entrevue que le jeune homme, bien constitué d'ailleurs, avait un bégaiement très-prononcé. Il éprouvait des pertes de respiration et des tiraillemens de l'estomac par les efforts qu'il faisait pour articuler. Les muscles de sa figure se contractaient d'une manière difforme. Il avait surtout de la difficulté à prononcer les *Pr* et les *Tr*. La guérison de ce jeune homme fut , on peut le dire , merveilleuse, car, après deux conférences avec M. Malebouche, il comprit et mit si bien en pratique les avis qu'il avait reçus , que , dès ce moment, il se regarda comme entièrement guéri, et en effet , nous l'avons vu plusieurs fois depuis , et ce n'est pas sans peine que nous avons trouvé dans sa manière de parler quelque trace de son ancienne infirmité. Nous avons prié ce jeune homme de nous faire lui-même le récit de sa maladie et de sa guérison, et voici la lettre qu'il nous a adressée à ce sujet.

A Monsieur MAGENDIE, *Docteur-médecin.*

« Lorsque j'eus l'honneur de vous voir chez
» vous, pour vous demander des renseignemens
» sur la méthode de madame Leigh, enseignée
» par M. Malebouche, j'étais loin de m'attendre
» à en ressentir aussitôt les heureux résultats.
» Désirant rendre un hommage éclatant à la
» vérité, et encourager par là une classe assez
» nombreuse de la société, que le malheur qui
» pèse sur elle rend encore plus intéressante, je
» prends la liberté, Monsieur, de vous écrire,
» pour vous faire part de la gravité de mon
» bégaiement, du malaise que j'éprouvais dans
» cet état, et des heureux effets qu'a obtenus sur
» moi M. Malebouche.

» J'ai bégayé, d'une manière bien prononcée,
» dès ma cinquième année. Dans le cours de
» mes études, j'ai aussi constamment bégayé;
» pas assez pour que ces études aient été inter-

» rompues, mais assez pour être dispensé de
» paraître aux exercices publics que les collèges
» font tous les ans. Mes parens et mes amis
» espéraient que l'âge apporterait avec lui une
» amélioration dans ma manière de parler, et
» j'étais arrivé à l'âge de vingt-quatre ans sans
» avoir ressenti cette prétendue amélioration ;
» deux raisons surtout m'épouvantaient sur la
» gravité de mon bégaiement : ma grand'mère
» paternelle est bègue comme moi, et je crai-
» gnais que ce vice fût héréditaire. Ensuite,
» lorsque j'avais de la peine à prononcer un mot,
» et que je voulais mettre de l'action à le dire,
» alors je ressentais des tiraillemens dans l'es-
» tomac, je perdais haleine, j'étais obligé d'as-
» pirer avec, et les muscles de la face éprouvaient
» une contraction nerveuse qui décomposait tous
» mes traits.

» Je ne vous parlerai pas, Monsieur, de la
» joie que je ressentis lorsque je vis dans les
» journaux l'annonce de la méthode de M. Ma-
» lebouche ; lorsque surtout les informations ,

» que je fis prendre à cet égard par quelques

» amis,, furent satisfaisantes ; j'arrivai aussitôt

» à Paris, sans avoir une foi bien robuste dans

» la méthode annoncée, mais avec une volonté

» ferme de profiter des avantages qu'elle pour-

» rait offrir.

» Je vous vis d'abord, Monsieur, et vous

» m'encourageâtes : je vis M. Malebouche, et

» l'exposé qu'il me fit de sa méthode, me con-

» vainquit tout-à-fait de son efficacité. Enfin,

» après la seconde leçon, j'étonnai agréable-

» ment mes amis par la facilité que j'avais à

» m'exprimer ; et vous pûtes, Monsieur, remar-

» quer la grande différence qu'il y avait dans

» ma manière de parler. Il y a cependant un

» genre de mots qui m'embarrasse encore, ceux

» où se trouve un *R* précédé d'une consonne et

» suivi d'une voyelle ; par exemple, *procès,*

» *gravité, bref, grâce, travail,* etc.

» Je sais la manière de bien dire ces mots

» isolément ; mais dans la conversation, ils

» m'arrêtent. J'éprouve de la difficulté à suivre

» couramment la méthode qu'on m'a enseignée :
» Je suis pourtant sûr que l'usage me mettra à
» même d'avoir, pour ces mots, la même facilité
» que j'ai pour les autres.

» Aujourd'hui , Monsieur, je n'éprouve plus
» ces tiraillemens d'estomac qui m'effrayaient
» sur ma guérison ; je n'ai plus de ces pertes
» de respiration que je regardais comme la
» cause du bégaiement, et qui n'en étaient que
» l'effet ; je parle avec facilité, avec plaisir.
» J'ai osé prendre la parole devant plusieurs
» personnes qui m'écoutaient , chose que je n'a-
» vais jamais tentée jusqu'alors , et je m'en suis
» tiré à leur satisfaction et à la mienne. La con-
» fiance que j'éprouve me fait même porter jus-
» qu'à l'abus mon désir de parler. Autrefois, les
» questions que j'étais obligé de faire étaient
» l'écueil le plus dangereux pour moi ; aujourd'hui
» je ne rencontre pas un homme au coin d'une
» borne, que je ne lui demande des informations
» sur une rue que je connais tout aussi bien
» que lui.

» Je ne saurais point, Monsieur, vous rendre
» d'autre compte de ma position ; si je m'inter-
» roge, si je descends en moi, je n'y trouve que
» de la joie et de la reconnaissance.

» Si la plus haute considération peut s'allier
» au plus profond respect, je vous prie, Mon-
» sieur, d'agréer ces deux sentimens de celui
» qui a l'honneur d'être, Monsieur, votre très-
» humble et très-obéissant serviteur.

» Signé P. L........ »

Nous demanderions à l'Académie la permis-
sion de lui citer encore un cas particulier de
guérison de bègue, et qui est remarquable en ce
que le jeune homme, ne trouvant pas en lui-
même assez d'énergie morale pour mettre en
pratique les exercices qu'on lui enseignait, a été
obligé de s'exciter par du café et des liqueurs
spiritueuses, et que cette force factice eut sur sa
guérison la plus heureuse influence.

« J'ai été bègue jusqu'à l'âge de vingt-deux

» ans, et je dois ma complète guérison à la mé-
» thode que m'a enseignée M. Malebouche. Mon
» bégaiement, quoique fort prononcé, était
» sujet à des intermittences; car il m'arrivait
» de parler assez longuement sans hésiter, tan-
» dis que d'autres fois il m'était impossible de
» proférer deux paroles de suite. J'éprouvais
» alors une sorte de hoquet, ma langue éprou-
» vait un mouvement convulsif, et me sortait
» presque de la bouche, autour de laquelle mes
» muscles se contractaient.

» Mon traitement n'a pas été long, car j'ai
» pris tout au plus une douzaine de leçons; les
» premières produisirent une amélioration re-
» marquable, qui eut été suivie d'une guérison
» immédiate, si de nouvelles occupations, en
» me détournant de mes exercices, n'eussent
» aussi ralenti mon ardeur. L'exemple de la
» guérison prompte et radicale de M. L........,
» dont je fus témoin, la ranima tout-à-fait; je
» quittai pour un jour mes occupations, afin de
» pouvoir me livrer sans interruption à mes

» exercices ; et pour me donner la force de sur-
» monter la fatigue , je m'excitai en buvant du
» café et de la liqueur. Un violent mal de gorge,
» et une extinction de voix qui m'effraya d'a-
» bord, furent la suite de mes efforts ; mais l'un
» et l'autre se dissipèrent en peu de temps , et
» je sentis alors que j'exécutais avec facilité les
» mouvemens que M. Malebouche m'avait in-
» diqués.

» Je me déclarai guéri : en effet, la discus-
» sion qui était l'écueil de ma langue, ne m'of-
» frit plus de difficultés, et je parlai sans éprouver
» de hoquet et sans faire de contorsions, ainsi
» que cela m'arrivait avant mon traitement.
» Aujourd'hui tout le monde convient qu'on ne
» se douterait pas que j'ai été bègue.

» En m'observant attentivement depuis ma
» guérison, qui chaque jour se consolide , j'ai
» remarqué, qu'après un excès quelconque , j'a-
» vais plus de peine à mettre en pratique les
» règles de M. Malebouche, ce qui m'a con-
» vaincu que mon bégaiement tenait bien évi-

» demment au genre de faiblesse qu'il m'avait
» signalé.

» Cette déclaration est un bien faible témoi-
» gnage de ma reconnaissance envers M. Male-
» bouche ; mais il me trouvera prêt à la renou-
» veler par écrit ou de vive voix, toutes les fois
» qu'il le jugera nécessaire à son intérêt ou à celui
» des personnes qui ont le malheur d'éprouver
» la difficulté dont je souffris pendant si long-
» temps.

» Signé TH. L......I ».

CONCLUSIONS DE CE RAPPORT.

Vos commissaires déclarent que, par la méthode de la veuve Leigh, on peut parvenir à
guérir le bégaiement, du moins dans la plupart
des cas, et particulièrement chez les sujets d'une
intelligence assez développée, et qui ont la persévérance nécessaire pour mettre en pratique,
pendant le temps convenable, l'espèce de gym-

nastique vocale qui leur est indiquée ; mais ils ne peuvent s'empêcher d'exprimer le regret que l'inventeur de cette méthode n'ait pas cru devoir se conformer à l'usage consacré de nos jours, de rendre publiques toutes les découvertes qui peuvent devenir profitables à l'humanité.

Signé DUMÉRIL; MAGENDIE, *rapporteur*.

L'Académie adopte les conclusions de ce rapport.

Certifié conforme,

Le secrétaire perpétuel, conseiller d'état, grand officier de l'ordre royal de la Légion-d'Honneur,

Signé Baron CUVIER.